Dieses Buch gehört

____

Qualität von Oetinger

Büchersterne

Liebe Eltern,

Lesenlernen ist eine Meisterleistung. Es gelingt nur Schritt für Schritt. Unsere Erstlesebücher in drei Lesestufen unterstützen Ihr Kind dabei optimal. In den Büchern für die 1. Klasse erleichtert eine große Fibelschrift das Lesen, und der hohe Bildanteil hilft, das Gelesene zu verstehen.
Mit beliebten Kinderbuchfiguren von bekannten Autorinnen und Autoren macht das Lesenlernen Spaß. 16 Seiten Leserätsel im Buch laden zu einer spielerischen Auseinandersetzung mit dem Text ein.
So werden aus Leseanfängern Leseprofis!

Manfred Wespel

Prof. Dr. Manfred Wespel

Büchersterne – damit das Lesenlernen Spaß macht!

www.buechersterne.de

Mit Büchersterne-Rätselwelt

Ursel Scheffler

Paula auf dem Weihnachtsmarkt

Bilder von
Dagmar Henze

Verlag Friedrich Oetinger · Hamburg

Inhalt

Titus nervt

Paula und Sine
sind Freundinnen.
Sie gehen in die erste Klasse.
Seit drei Monaten schon.

Paulas Bruder Titus
geht in die dritte Klasse.

Er steht mit seinen Freunden
Lothar und Max
vor dem Schulhaus und ruft:
„Erste Klasse, Babyflasche!“

„Dritte Klasse, große Flasche!“,
ruft Paula zurück.

Sie ärgert sich,
dass Titus sie immer „klein“ nennt.
Dabei ist sie jetzt
ein großes Schulkind.

„Titus nervt!“,
sagt Paula zu Sine.
„Zu Weihnachten wünsche ich mir
einen neuen Bruder.
Einen, der so nett ist
wie Philipp.“

Paula kennt Philipp
schon lange.

„Philipp? Ich glaube, er ist
ein bisschen verliebt in dich!“
„Du spinnst!“, sagt Paula.
Sie zeigt ihrer Freundin den Vogel.

Paulas Wunschzettel

Am Nachmittag schreibt Paula ihren Wunschzettel.

Der größte Wunsch kommt zum Schluss: „Ich wünsche mir einen neuen Bruder ...“

Sie steckt den Brief
in einen Umschlag.
„An den Weihnachtsmann“
steht darauf.

Dann bringt sie den Brief
zum Briefkasten.

Auf dem Weihnachtsmarkt

Am Samstag geht Paula
mit Mama und Titus
auf den Weihnachtsmarkt.
Es duftet nach Zimtäpfeln
und Zuckermandeln.

Ein wenig abseits vom Gedränge
steht der Weihnachtsmann
mit einem kleinen Esel.

Er verteilt Goldsterne
an die Kinder.
„Hast du meinen Wunschzettel
bekommen?“, fragt ihn Paula.

„Klar hab ich den bekommen“,
sagt der Weihnachtsmann.

Er zwinkert Paula zu.
„Du hast ja viele Wünsche!
Ob ich die alle erfüllen kann?“

„Du bist doch nicht echt.
Nur verkleidet!“,
ruft Titus frech.
„Du kannst gar keine
Wünsche erfüllen.“

„Wart es ab!“,
brummt
der Weihnachtsmann.

Puppenstube und Vogelpfeife

Paula, Titus und Mama
schieben sich
durch das Gedränge.

Vor einem Stand
mit Puppenstuben-Sachen
bleiben Mama und Paula stehen.
„Mädchenkram“, sagt Titus.

„Hallo, Paula!“,
sagt eine Stimme,
die Paula gut kennt.

Es ist Philipp.
Paulas Herz klopft
ein bisschen schneller.

Gemeinsam bestaunen sie ein riesiges Puppenhaus.

„Vier Stockwerke.
Echt cool“,
sagt Philipp.

„Puppenstuben –
das ist nichts für Männer“,
murmelt Titus.
Er geht allein weiter.

Da ist ein Mann mit bunter Jacke.
Er verkauft Vogelpfeifen
und macht lustige Sprüche dazu.
Titus hört ihm eine Weile zu.

Von seinem letzten Taschengeld
kauft Titus sich
eine schrille Vogelpfeife.

Damit wird er
Paula und Philipp erschrecken!

Aber dann erschrickt Titus selber.

Er bleibt stehen.

Wo ist Mama?

Wo ist Paula?

Er läuft nach links.
Er läuft nach rechts.
Er kann sie nirgends entdecken ...

Wie soll er jetzt
nach Hause kommen?
Er hat kein Geld mehr
für den Bus.

Wo steckt Titus?

„Wo ist Titus?“, fragt Mama, nachdem sich Philipp wieder verabschiedet hat.

„Weg!“, sagt Paula.
Sie wird blass.

Hat der Weihnachtsmann
ihren Wunsch etwa gleich erfüllt?
Hat der Weihnachtsmann
ihren Bruder mitgenommen?

„Zum Weihnachtsmann!
Schnell!“, ruft Paula.
„Er stand vorhin dort
beim großen Tannenbaum.“

Sie zieht ihre Mama
an der Hand hinter sich her.

„Zum Weihnachtsmann? Warum?“,
fragt Mama verwundert.
„Willst du dir wünschen,
dass er Titus wiederfindet?“

Paula nickt.
Von ihrem Wunsch
auf dem Wunschzettel
verrät sie lieber nichts.

Doch der Weihnachtsmann
ist verschwunden.
An der Ecke steht nur noch
der kleine Esel.

Wo ist der Weihnachtsmann?
Wo ist Titus?

„Titus! Titus!“, ruft Paula.
Jetzt hat sie nur noch
einen einzigen Wunsch.

Den möchte sie
gegen alle ihre
Wunschzettelwünsche
eintauschen:
Sie will Titus wiederfinden!!!

Der Weihnachtsmann hilft

Vor der Weihnachtskrippe
in der Mitte des Marktes
singt jetzt ein Schulchor.
„Ihr Kinderlein, kommet ...“

Und da steht zum Glück
auch der Weihnachtsmann!

Paula läuft zu ihm hin.
Sie zieht ihn am Ärmel
und flüstert ihm etwas ins Ohr.

Nach dem Lied nimmt
der Weihnachtsmann
das Mikrofon in die Hand.
Er sagt mit tiefer Stimme:

„Eine wichtige Durchsage:
Der kleine Titus
wird vermisst.
Seine Mama wartet auf ihn
bei der Weihnachtskrippe!“

Das hört auch Titus,
der auf der anderen Seite
des Marktes steht und heult.

Titus rennt los.
Hastig trocknet er die Tränen
mit dem Anorak-Ärmel.

Er schiebt sich
durch die Menschen.
Es ist dunkel geworden
und es beginnt zu schneien.

„Pass doch auf!“, ruft ein Mann, den er dabei anrempelt.

Der Schnee fällt immer dichter.
Endlich entdeckt Titus
den Weihnachtsmann
und seine Mama!

„Titus! Mein Junge!“,
ruft Mama erleichtert.
Sie nimmt Titus in den Arm
und drückt ihn fest.

„Da hast du
deinen Bruder wieder!“,
sagt der Weihnachtsmann
zu Paula.

Und zu Titus sagt er:
„Deine Schwester
hat sich gewünscht,
dass ich dich wiederfinde.
Glaubst du jetzt, dass ich
Wünsche erfüllen kann?“

Paula hüpft und singt
auf dem Heimweg.

Sie boxt Titus
vergnügt in die Seite
und ruft:
„Hast du gehört:
Er hat der *kleine* Titus
zu dir gesagt!“

Willkommen in der Büchersterne Rätselwelt

Büchersterne-Rätselwelt

Hast du Lust auf noch mehr Lesespaß?

Die kleinen Büchersterne haben sich tolle Rätsel und spannende Spiele für dich ausgedacht.
Auf der nächsten Seite geht es schon los!

Wir wünschen dir viel Spaß!

Lösungen auf Seite 56–57

Bild-
salat

Kannst du die Bilder den richtigen Sätzen zuordnen?

4 Paula steckt den Brief
in einen **Umschlag**.

3 Der Weihnachtsmann verteilt
Goldsterne an die Kinder.

2 „Titus, Titus!“, ruft **Paula**.

1 Der Weihnachtsmann nimmt
das **Mikrofon** in die Hand.

1

2

3

4

Geheimes Labyrinth

Folge dem geheimen Code und suche im Labyrinth nach der Lösung!

Dein Geheimcode:

3 hoch, 2 rechts

3 runter, 1 links

3 runter, 1 links

1 hoch, 1 links

Lösungswort: ____________

Mein Tipp:

Jedes Bild steht für einen Buchstaben.

Wort-
salat

Hier sind die Wörter durcheinandergeraten. Kannst du sie ordnen?

n d u H

_ _ _ _

_ _ _ _ _

a n e n T

_ _ eu _ _ _ n

eu d n i n r F

Puzzle

In welche Reihenfolge gehören die Bilder?

Lese-
Logik

Satz für Satz kannst du Figuren ausschließen. Welche bleibt übrig?

- Ich habe keine Glatze.
- Ich habe nichts in der Hand.
- Ich bin ein Kind.
- Aber ich bin kein Mädchen.
- Einen Schal habe ich nicht.

Ich bin: ______________________

Wie oft ist der kleine Esel
im Buch zu finden?

In welche Klasse geht Titus?

Wie viele Zimmer hat das
riesige Puppenhaus?

Findest du die gesuchten Zahlen?

Zahlen-
Rätsel

Fehler-
bild

Im unteren Bild sind 5 Fehler. Kannst du sie alle finden?

1 MAMALIEDWUNSCHPAULA

2 BRIEFBRUDERBRATÄPFEL

3 WEIHNACHTSMANNSCHNEE

In welchem Band stehen die meisten Wörter?

Wort-schleifen

Spiel für zwei!
Wer von euch würfelt zuerst das Wort TITUS?

Ihr braucht:

1 Würfel
2 Spielfiguren
5 Kieselsteine

Würfelt abwechselnd!
Gehört der erreichte Buchstabe zum Wort TITUS? Dann lege unten einen Kiesel ab. Der fünfte Kiesel gewinnt!

Wort-
kreuze

Welche Wörter verstecken sich hier? Finde das Lösungswort!

					B		
					R		
			P	A		L	A
	A				D		
	N		K	L	E		N
	G				R		
	S						
S		E	R	N			

	W						
	U		M	A	R	K	
	N						A
E		E	L				N
	C						N
	H						E

LÖSUNGSWORT:

Rätsel-
Lösungen

Alle Rätsel gelöst?
Hier findest du die
richtigen Antworten.

Seite 50 · Fehlerbild

Seite 51 · Wortschleifen

1

Seite 54-55 · Wortkreuze

Lösungswort: TITUS

Seite 42-43 · Bildsalat

Paula steckt den Brief in einen Umschlag. = Bild 4
Der Weihnachtsmann verteilt Goldsterne
an die Kinder. = Bild 3
„Titus! Titus!“, ruft Paula. = Bild 2
Der Weihnachtsmann nimmt das Mikrofon
in die Hand. = Bild 1

Seite 44-45 · Geheimes Labyrinth

Esel

Seite 46 · Wortsalat

Hund, Tanne, Freundin

Seite 47 · Puzzle

3, 2, 4, 1

Seite 48 · Lese-Logik

Ich bin Titus.

Seite 49 · Zahlen-Rätsel

Der Esel kommt 5 Mal vor.
Titus geht in die 3. Klasse.
Das Puppenhaus hat 7 Zimmer.

1. Klasse

Schulspaß und mehr fürs erste Lesen

Ursel Scheffler
Paula und der Schultüten-Drache
ISBN 978-3-7891-1264-5

Astrid Lindgren
Ich will auch in die Schule gehen
ISBN 978-3-7891-2422-8

Dagmar Chidolue
Millie übernachtet in der Schule
ISBN 978-3-7891-2375-7

Dagmar Chidolue
Millie und die verrückte Schulstunde
ISBN 978-3-7891-1263-8

Oetinger

Alle Informationen unter:
www.buechersterne.de und **www.oetinger.de**

Lesespaß für Leseanfänger

Das didaktische Konzept zu Büchersterne
wurde mit Prof. Dr. Manfred Wespel, Pädagogische Hochschule Schwäbisch Gmünd, entwickelt.

MIX
Papier aus verantwortungsvollen Quellen
FSC® C014138

Überarbeitete Neuausgabe

Titelbild und farbige Illustrationen von Dagmar Henze
Einband- und Reihengestaltung von Manuela Kahnt,
unter Verwendung der Sternvignetten von Heike Vogel
Druck und Bindung: FINIDR, s.r.o.,
Lípová 1965, 737 01 Český Těšín, Tschechische Republik
Printed 2016
ISBN 978-3-7891-2371-9

www.oetinger.de
www.buechersterne.de